Marc Ots

AURORE FLOREALE

vu d'ici/la lettre volée

à Edith et Laura

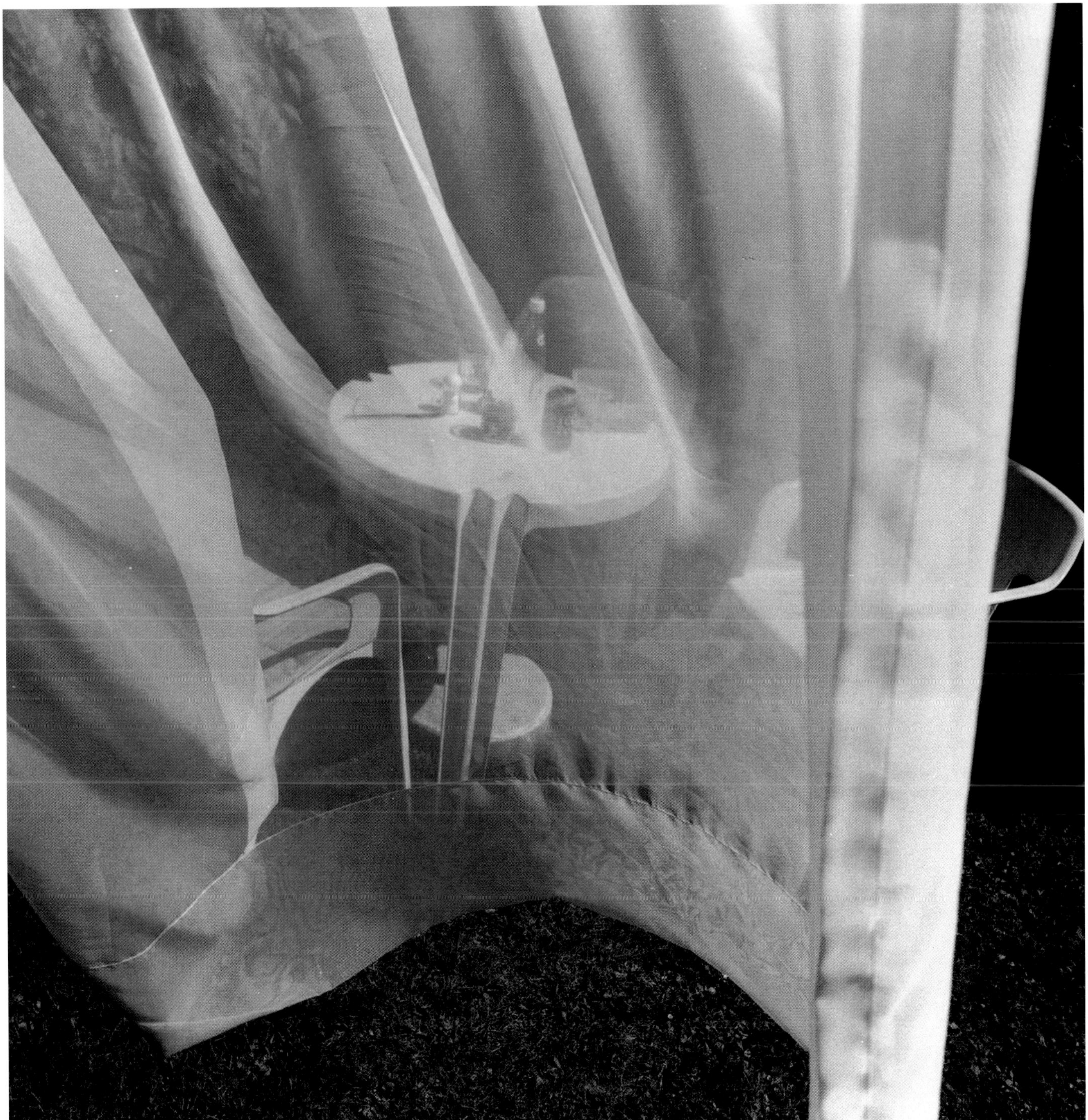

A heady odour of freshly cut grass.
Two myriads of pink petals blown from the Japanese cherry trees.
Three cries from a young, female blackbird caught by a well-fed Siamese cat.
And then, this green that absorbs everything, like an eraser that wants to erase the city.
Nothing is ever the same there. Even if individuals do their best to believe that everything looks the same. They have probably never counted the steps of the stairways, strode through the alleys, explored the lofts or hidden their treasures in the rhododendrons. Not once did they admire the shades of yellow and green that flake away with the changing seasons.
At the junctions, like a never-ending song, the enamelled plaques chant the species of birds or the common names of flowers... It bears no resemblance to a gardening catalogue. Just an authorised betrayal for people from elsewhere, lost in the squares or roads suitable for motor vehicles, transformed in an elusive rhythm of a distant time. The too tall poplars sway, whilst the white sheets flap in the wind like signs of peace.
Backed up against the sand-filled children's garden, the last field of wheat makes eyes at the playful dogs and wild vegetable gardeners.
Between off-ground tags, missed headstands and two-wheeled races, the time glides across the tanned skin of the humus-scented children. The times shared in these friendships on the lawn will evermore generate an insatiable need for mother earth.
If I suddenly hear crying, it is a sign that there is life. It passes from one roof to the next, from a hedge to the opposite gate. I know your name and also your joys. Sometimes your secrets. Like a taste of childhood that doesn't want to die. From the frosted grey viewpoint, the winter carves furrows in the crisp snow. The ephemeral white suddenly blots out the chlorophyll landmarks to reinvent the story's backdrop.
Then water flushes out everything. Once again, the earth comes back to life, faithful, tattooed in the flesh of the daily passers-by. It knows all about the families, keeping the generations' smallest memories. With the passing of beings, it battles so as not to disappear, defying the insatiable concrete mixers.
For there are roots that lead to the essential. In the garden, souls still breathe.

Edith Moreels

Une odeur enivrante d'herbe fraîchement coupée.

Deux myriades de pétales roses envolés des cerisiers du Japon.

Trois cris d'une merlette éventrée par une siamoise dodue.

Et puis, ce vert qui absorbe tout, comme une gomme qui voudrait faire oublier la ville.

Rien n'y est jamais pareil. Même si le quidam s'évertue à croire que tout se ressemble. Sans doute n'a-t-il jamais compté les marches des perrons, arpenté les venelles, exploré les soupentes ou caché ses trésors dans les rhododendrons. Pas une fois, il n'a admiré les nuances du jaune et du vert écaillés par le défilé des saisons.

Aux croisements, comme une chanson sans fin, les plaques émaillées égrènent les espèces d'oiseaux ou les petits noms de fleurs... Rien à voir avec un catalogue horticole. Juste une trahison autorisée pour les gens d'ailleurs, perdus dans les squares ou les chemins carrossables, mus dans un rythme échappé d'un temps reculé. Les peupliers trop grands s'agitent tandis que les draps blancs claquent au vent comme un signal de paix.

Dos au jardin d'enfants ensablé, l'ultime champ de blé fait de l'œil aux chiens fêtards comme aux planteurs sauvages de potagers.

Entre chats perchés, poiriers ratés et courses à deux roues, le temps glisse sur la peau hâlée des enfants parfumés à l'humus. Les partages de ces amitiés sur gazon provoquent à jamais d'insatiables besoins de terre nourricière.

Si j'entends soudain pleurer, c'est signe que la vie est là. Elle passe d'un toit à l'autre, d'une haie au portillon d'en face. Je connais ton nom mais aussi tes joies. Parfois tes secrets.

Comme un goût d'enfance qui ne veut pas mourir.

Depuis le belvédère gris givré, l'hiver grave des sillons dans la neige craquante. Et le blanc éphémère efface tout à coup les repères chlorophylles pour réinventer le décor de l'histoire.

L'eau fait ensuite sa grande lessive. À nouveau, la terre revit, fidèle et tatouée dans la chair de ses piétineurs quotidiens. Elle sait tout des familles, garde en elle les moindres souvenirs des générations. Au fil des êtres, elle se bat pour ne pas disparaître, narguant les insatiables déverseurs de béton.

Parce qu'il est des racines qui mènent à l'essentiel. Côté jardin, les âmes respirent encore.

Edith Moreels

When he designed the Logis and Floréal garden city developments in Watermael-Boitsfort in 1921, could Louis Van Der Swaelen have dreamt that some eighty years later, these "villages" in the heart of the city would become some of the most sought-after housing districts in Brussels? Built on what was then an expanse of countryside, these community housing developments were mainly intended for employees and civil servants and offered a generous alternative to the urban working-class housing concept, which had become the norm since the industrial revolution. The visionary landscape architect considered that the emancipation of the least privileged city-dwellers involved having contact with nature, a harmonious life in which individualism would disappear in the face of collective needs. Since then, we have not found a better recipe, or more appropriate programme in my opinion.

Even if he has never lived there himself, Marc Ots has been a frequent visitor to Logis and Floréal for over twenty years, since the network of alleyways bordered by tall hedges provided the scene for adolescent secrets. It is sometimes said that the spirit which dominates the garden city sets its inhabitants apart from everyone else. It is no doubt an exaggeration, but today, Marc Ots has also fallen under the spell of the very English charm of the maze of little houses with green or yellow woodwork, Japanese cherry trees and the omnipresent ivy. And since life has made him a photographer, he takes photographs there. For pleasure of course, without any preconceived idea or precise aim. Just like practising one's scales or singing exercises, because he always has a camera to hand and eye. Only after a long, slow passage of time did all these images, gleaned from family gatherings and parties, become a photographic subject.

Placed alongside one another, these little moments of happiness and carefreeness captured at dawn or at dusk (not to mention the lazy afternoons), under a timid sun or through snowflakes, tell a thousand tales of peaceful neighbourliness, birthday cakes, children's games, chairs forgotten on lawns, washing put out to dry, curious cats and surprised dogs.

To the rhythm of the seasons that march on almost imperceptibly from one photograph to the next, the little girls grow up in a surprisingly Magrittian decor. If he could see this set of pictures with their discreet notes, Mr. Van Der Swaelen would certainly be satisfied with his work: everything remains suspended there, in a between-world that has become so rare.

Alain D'Hooghe

Lorsqu'en 1921 il conçut les cités-jardins du Logis et du Floréal à Watermael-Boitsfort, Louis Van Der Swaelen aurait-il pu imaginer que, quelque quatre-vingts ans plus tard, ces villages au cœur de la ville feraient partie des quartiers d'habitation les plus recherchés de Bruxelles ? Installés dans ce qui était alors une rase campagne, ces logements sociaux principalement destinés à des employés et à des fonctionnaires constituaient une alternative généreuse au concept du logement ouvrier urbain, sorte de norme depuis la révolution industrielle. Plutôt visionnaire, l'architecte paysagiste considérait que l'émancipation des citadins les moins privilégiés passait par le contact avec la nature, une vie harmonieuse où les individualismes s'effaceraient devant les besoins collectifs. Depuis, il me semble que l'on n'a pas trouvé meilleure recette, programme plus adéquat.
S'il n'y a jamais vécu lui-même, Marc Ots est un habitué du Logis et du Floréal depuis plus de vingt ans, depuis que le réseau de venelles bordées de hautes haies abritait les secrets adolescents.
On dit parfois que l'esprit qui règne dans la cité distingue ses habitants du reste du monde. C'est sans doute exagéré mais aujourd'hui, Marc Ots a lui aussi succombé au charme très anglais du dédale de petites maisons aux boiseries vertes ou jaunes, des cerisiers du Japon et du lierre omniprésent. Et, puisque la vie a fait de lui un photographe, il y photographie. Naturellement, pour le plaisir, sans idée préconçue ni but précis. Comme on fait des gammes ou des vocalises, parce qu'on a toujours l'appareil à portée de main et d'œil. Ce n'est qu'après un long et lent écoulement de temps que toutes ces images glanées à la faveur de réunions et de fêtes de famille, sont devenues un sujet photographique.
Mis bout à bout, ces petits moments de bonheur et d'insouciance, saisis de l'aurore au crépuscule (sans oublier les après-midi paresseuses), sous un soleil timide ou à travers des flocons de neige, racontent mille histoires de voisinage paisible, de gâteaux d'anniversaire, de jeux d'enfants, de chaises oubliées sur des pelouses, de linge qui sèche, de chats curieux, de chiens étonnés.
Au rythme des saisons qui s'égrènent, presque imperceptiblement, d'une photographie à l'autre, les fillettes grandissent dans un décor étonnamment magrittien. S'il pouvait voir cet ensemble d'images aux accents discrets, monsieur Van Der Swaelen serait assurément satisfait de son œuvre : tout y demeure toujours suspendu, dans un entre-deux devenu trop rare.

Alain D'Hooghe

Between 1st July and 31st December 2001, Belgium is taking over the presidency of the European Union. This responsibility is exercised jointly with the State's federated entities: the regions and communities.

In Belgium, the French Speaking Community Wallonia-Brussels is the federated level of powers which is competent for issues including culture and audio-visual media, education, sport, public health policies and youth assistance. It is the authority responsible for all French-speakers in the Walloon and Brussels regions.

On the occasion of the Belgian Presidency, I am very pleased to be able to share with you the photographs contained in this work, a continuation of those published in *Vu d'ici*, the quarterly thematic magazine, published on the Secretariat General of the Ministry's initiative.

The choice of photography was determined by its potential to leave an impression on our European visitors of the creativity to be found in our Community.

Here we have thus selected local photographers who have captured our regions in pictures.

Take their pictures with you, share them with your friends and loved ones, it is a little part of this Europe which we are patiently and determinedly constructing day by day.

Henry Ingberg

Secretary General
Ministry of the French Speaking Community of Belgium

La Belgique exerce la présidence de l'Union européenne entre le 1er juillet et le 31 décembre 2001. Cette responsabilité, elle l'exerce en partage avec les entités fédérées au sein de l'État : les régions et communautés.

En Belgique, la Communauté française Wallonie-Bruxelles est le niveau fédéré du pouvoir qui exerce ses compétences dans les champs de la culture et de l'audiovisuel, de l'enseignement, du sport, des politiques de santé publique, d'aide à la jeunesse, entre autres. Elle est compétente pour l'ensemble des francophones de la région wallonne et de la région bruxelloise.

J'ai plaisir, à l'occasion de la Présidence belge, de partager avec vous les photographies contenues dans cet ouvrage, prolongement de celles parues dans *Vu d'ici*, revue trimestrielle thématique publiée à l'initiative du Secrétariat général du Ministère.

Le choix de la photographie s'est imposé lorsqu'il s'est agi de laisser à nos visiteurs européens une empreinte de la créativité exercée dans notre Communauté. Ce sont donc des photographes d'ici qui donnent image à nos contrées.

Emportez leurs images avec vous, partagez-les avec vos proches et amis, c'est un morceau de cette Europe que nous construisons tous les jours avec patience et résolution.

Henry Ingberg

Secrétaire général
Ministère de la Communauté française de Belgique

Cet ouvrage est publié par La Lettre volée
dans la collection « Vu d'ici »
dirigée par Alain D'Hooghe et Patrick Quinet.
La conception graphique et le suivi des images
sont de Mary van Eupen.
Les textes sont traduits par Laura Austrums.
Achevé d'imprimer en juillet 2001
sur les presses de Varona Graficas à Salamanque.

responsable des éditions de La Lettre volée
20, bd Barthélemy, B-1000 Bruxelles
lettre.volée@skynet.be

La collection « Vu d'ici » bénéficie du soutien
du Ministère de la Communauté française de Belgique.
communication.presse@cfwb.be

Dépôt légal : Bibliothèque Royale de Belgique
2e trimestre 2001 - D/2001/5636/23
ISBN 2-87317-150-2